Armin und Daniel Täubner

Weihnachtliches Reißen und Kleben

Kinderleicht mit Glanzpapier

frechverlag

Von Armin und Daniel Täubner sind weitere Bücher im frechverlag erschienen. Hier eine Auswahl:

TOPP 1993

TOPP 1846

TOPP 1982

TOPP 2041

TOPP 1945

TOPP 1944

Zeichnungen: Armin Täubner
Fotos: frechverlag GmbH + Co. Druck KG, 70499 Stuttgart; Birgitt Gutermuth

Auflage: 5. 4. 3. 2. | Letzte Zahlen
Jahr: 2000 1999 98 97 96 | maßgebend

frechverlag GmbH + Co. Druck KG, 70499 Stuttgart
ISBN 3-7724-2111-3 · Best.-Nr. 2111
Druck: frechverlag GmbH + Co. Druck KG, 70499 Stuttgart

Weihnachten ist für Große und Kleine ein ganz großes Ereignis: Da wird schon im Vorfeld gebacken und gebastelt, und jeder möchte gern mitmachen.

Hast Du schon einmal ausprobiert, wieviel Spaß es macht, Glanzpapier – ritsch, ratsch – in kleine Stücke zu reißen und die Schnipsel auf eine Grundform aus Tonkarton aufzukleben? Damit kannst Du tolle Fensterbilder, Wandbilder oder Christbaumdekorationen herstellen.

Wenn Du schon mit der Schere umgehen kannst, wirst Du Dir die Schablonen selbst herstellen können, um die Umrisse der einfachen Motive auf weißen Karton zu übertragen. Wenn nicht, bittest Du einfach Deine Mama, Deinen Papa oder einen anderen Erwachsenen um Hilfe. Wir haben auch zu zweit gebastelt – das macht gleich nochmal soviel Spaß.

Wie wäre es mit einer Kerze, einem Stern oder dem Weihnachtsmann? Suche Dir einfach Dein Lieblingsmotiv aus, und los geht´s ...

Wir wünschen Dir mit Deinen Eltern, Freunden und Geschwistern viel Spaß bei der lustigen Schnipselei und bunten Weihnachtsbastelei!

Übrigens: Nach Weihnachten muß der Bastelspaß noch lange kein Ende haben. Du kannst gleich mit einem Schneemann oder einem Pinguin weitermachen ...

Schritt-für-Schritt-Anleitung

1

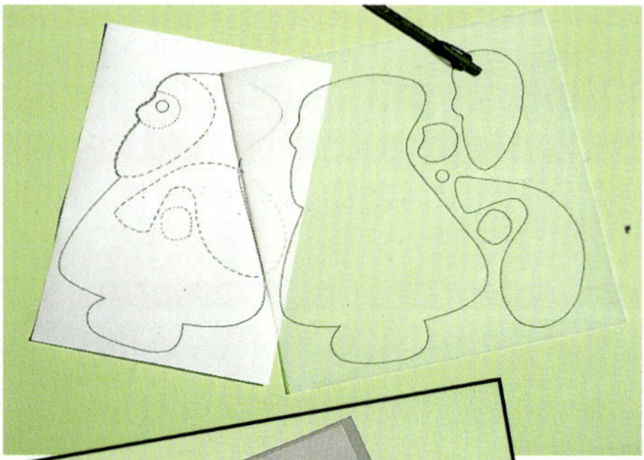

2

3

4

1. Übertrage mit Bleistift alle Motivteile ohne Überschneidungen vom Vorlagenbogen auf Transparentpapier.

2. Klebe das Transparentpapier auf einen dünnen Karton.

3. Schneide alle Teile mit einer Schere sorgfältig aus – das sind Deine Schablonen.

4. Lege die Schablonen nebeneinander auf weißen Karton. Übertrage mit einem Bleistift die Umrisse der Schablonen auf den Karton.

5. Schneide die aufgezeichneten Teile mit der Schere aus dem weißen Karton aus.

5

6. Nun kannst Du die Motivteile mit gummiertem Glanzpapier bekleben. Von den Glanzpapierbogen werden Streifen abgerissen und Papierschnipsel in der gewünschten Form und Größe abgezupft. Drücke die farbigen Papierteilchen in ein nasses Schwämmchen, das in einem Wassergefäß liegt, und beklebe damit die weißen Kartonteile.
Die Ränder der aufgeklebten Schnipsel neigen dazu, sich nach oben zu wölben; deshalb müssen sie ab und zu nochmals glattgestrichen werden. Wenn Du alle Kartonteile mit Glanzpapier beklebt hast, werden sie zwischen einigen Lagen Zeitungspapier gepreßt und getrocknet.

6

7. Am nächsten Tag werden die Teile zusammengeklebt.

7

8. Du kannst den Weihnachtsmann aber auch so, wie er auf dem Vorlagenbogen abgebildet ist, mit Hilfe der Schablonen auf einen Bogen weißen Karton übertragen.

8

9. Dann beklebst Du den Weihnachtsmann mit Glanzpapier, jeden eingezeichneten Bereich in der gewünschten Farbe. Auch hier müssen die sich nach oben wölbenden Ränder der Glanzpapierschnipsel immer wieder glattgedrückt werden.
Das fertige Bild wird zwischen mehrere Lagen Zeitungspapier gelegt und bis zum nächsten Tag beschwert.

9

Es weihnachtet sehr

**Für dieses Bild wird nur eine Schablone benötigt.
Lege die Schablone auf weißen Karton, und zeichne
den Umriß mit einem Bleistift auf.
Wenn Du die Schablone seitenverkehrt auflegst,
schaut der Engel in die andere Richtung.**

**Dann grenzt Du mit dem Bleistift die Hand,
den Fuß und den Flügel ab. Jetzt mußt Du
noch das Gesicht und das Kleid mit einer
Linie vom Haar trennen.**

**Nun kannst Du den Engel und den Himmel
mit Glanzpapier bekleben.**

**Gefällt Dir der Engel ohne Himmel besser,
schneidest Du ihn vor dem Bekleben einfach aus.**

Advent, Advent, ein Lichtlein brennt

Fertige zunächst vom Rahmen, vom Kerzenlicht und von der Flamme Schablonen an.

Übertrage mit einem Bleistift die Umrisse der Schablonen auf weißen Karton. Schneide die einzelnen Teile aus.

Jetzt werden aus dem großen runden Teil für den Rahmen die beiden halbkreisförmigen Öffnungen herausgeschnitten.

Das gerade Mittelteil, die Kerze, beklebst Du mit rotem, den restlichen Rahmen mit grünem Glanzpapier. Wenn Dir ein blauer Rahmen mit einer weißen Kerze besser gefällt, nimmst Du einfach Glanzpapier in diesen Farben.

Nun ist der Kerzenschein dran. Beklebe ihn mit gelbem Glanzpapier. Die orangerote Flamme kannst Du entweder aus Glanzpapier ausreißen oder ausschneiden.

Nach dem Pressen und Trocknen wird der Kerzenschein aufgeklebt.

Klingende Sterne

Fertige vom Stern, vom Kreis und von der Glocke jeweils eine Schablone an.

Lege die Schablonen auf weißen Karton, und zeichne die Umrisse mit Bleistift nach. Willst Du die Glocke in den Stern hängen, legst Du die Kreisscheibe auf den Stern und zeichnest den Kreis auf.

Nun werden die Teile ausgeschnitten. Für die runde Öffnung im Stern stichst Du mit der Schere in der Sternmitte ein und arbeitest Dich dann schneidend zum Bleistiftkreis vor.

Jetzt folgt das Bekleben der ausgeschnittenen Teile mit Glanzpapier.

Nach dem Pressen und Trocknen können die Teile aufeinandergeklebt werden.

Hast Du den Stern mit der herausgeschnittenen Öffnung ausgewählt, kannst Du die Glocke mit einem Faden in die Öffnung hängen.

Bald ist Weihnachten

Fertige vom Tannenzweig, von der Kerze
und von der Flamme jeweils eine Schablone an.

Für die Kreisscheibe zeichnest Du mit einem
Zirkel einen Kreis mit einem Radius von 10,3 cm.
Der Radius ist halb so groß wie der Durchmesser
des Kreises (Ø 20,6 cm). Du kannst den Radius
natürlich auch etwas größer wählen, dann erhältst
Du eine größere Scheibe als auf dem Vorlagenbogen.

Nun kannst Du alle Teile einzeln mit Glanzpapier
bekleben und nach dem Pressen und
Trocknen zusammenkleben.

Du kannst aber auch die Kerzen- und die Zweigschablone
auf die weiße Kartonscheibe legen und mit einem
Bleistift die Umrisse aufzeichnen. Die Schablonen
werden weggelegt. Jetzt kannst Du die mit
Bleistift umrahmten Flächen mit Glanzpapier bekleben.

Vom Himmel hoch, da komm ich her

Bei diesem Engel fertigst Du die Schablonen vom ganzen Umriß (durchgezogene Linie), vom Gesicht und von einer Hand an.

Lege die große Schablone auf einen weißen Karton, und zeichne den Umriß mit Bleistift nach. Nun werden auf diesen Umriß die Gesichtsschablone und zweimal die Handschablone aufgelegt und die Konturen mit Bleistift übertragen. Dann werden die Füße mit Bleistift eingezeichnet.

Die mit Bleistift abgegrenzten Flächen kannst Du jetzt mit buntem Glanzpapier bekleben.

Willst Du noch ein Engelsgesicht aufmalen, mußt Du warten, bis der Engel gepreßt und getrocknet ist. Sollte Dir das aufgemalte Gesicht nicht gefallen, klebst Du einfach orangerotes Glanzpapier darüber und versuchst es noch einmal.

Es hat geschneit

Für das Haus samt Schneefläche und Schneedach (durchgezogene Linie) benötigst Du nur eine Schablone. Von der Tür und dem Fenster fertigst Du ebenfalls Schablonen an.

Lege die Hausschablone auf weißen Karton, fahre den Umriß mit Bleistift nach, und schneide das Haus aus.

Nun legst Du die Fenster- und die Türschablone auf das Haus und überträgst ihre Umrisse. Mit zwei weiteren Linien grenzt Du das Schneedach und die Schneefläche von der Hauswand ab.

Jetzt kannst Du das Haus mit Glanzpapier bekleben. Anschließend wird das Haus gepreßt und getrocknet.

Verschneite Kirche

Die große Kirchenschablone umfaßt auch die Schneedächer und die Schneefläche am Boden (durchgezogene Linie). Hinzu kommen noch jeweils eine Schablone vom Fenster, von der Tür und von der Turmuhr.

Übertrage die Umrisse der Schablonen mit einem Bleistift auf weißen Karton. Schneide die Teile aus.

Dann zeichnest Du den Verlauf der Schneeflächen vor der Kirche und auf den Dächern (gestrichelte Linie) auf. Wenn Du damit Schwierigkeiten hast, mußt Du auch von diesen Teilen Schablonen anfertigen. Dann kannst Du die Grenzen der Schneeflächen ganz genau einzeichnen.

Jetzt kannst Du die ausgeschnittenen Teile mit Glanzpapier bekleben. Beginne mit den Schneeflächen. Anschließend wird die Kirchenwand mit rotem oder blauem Glanzpapier verziert.

Die Fenster, die Turmuhr und die Tür werden ebenfalls beklebt. Nun kannst Du die Teile pressen und trocknen.

Zum Schluß klebst Du die Tür, die Fenster und die Turmuhr auf die Kirche.

Ein prächtiger Adventskranz

Fertige von dem Adventskranz, der Flamme, dem Kerzenschein, dem Stern und dem Herzen Schablonen an.

Übertrage die Umrisse der Schablonen auf weißen Karton. Nun werden die Teile ausgeschnitten: der Kerzenschein und die Flamme jeweils viermal, der Stern und das Herz jeweils dreimal.

Jetzt können die Teile mit Glanzpapier beklebt werden. Wir haben die orangeroten Flammen direkt aus Glanzpapier ausgeschnitten und gleich mitten auf jeden Kerzenschein geklebt.

Es folgt das Pressen und Trocknen.

Nun erhält jede Kerze ihren Schein und ihre Flamme. Achte beim Festkleben darauf, daß die Kerzenscheine auch miteinander verbunden sind.

Die Sterne und Herzen kannst Du entweder – so wie wir – auf den Adventskranz kleben oder aber an Fäden unten anhängen.

Morgen kommt der Weihnachtsmann

Stelle von allen Teilen Schablonen her.

Lege alle Schablonen nebeneinander auf einen weißen Karton, und zeichne die Umrisse mit Bleistift nach.
Nun werden die Teile ausgeschnitten.

Beklebe die Teile mit Glanzpapier.
Es folgt das Pressen und Trocknen der Teile.

Zum Schluß klebst Du aus den einzelnen Teilen den Weihnachtsmann zusammen.

Eine andere Möglichkeit:
Lege die große Schablone auf einen größeren weißen Karton, und zeichne den Umriß mit Bleistift auf. Anschließend werden die anderen Schablonen, wie Sack, Hand, Haar-Bart-Teil, Gesicht und Auge, daraufgelegt und ebenfalls mit Bleistift umfahren. Nun kannst Du die mit Bleistift eingegrenzten Flächen mit Glanzpapier bekleben.

Ein Weihnachtsbaum im Schnee

Für den ringförmigen Rahmen benötigst Du einen Zirkel. Die beiden Kreise haben jeweils einen Radius von 9,8 cm und 13,6 cm. (Radius nennt man den Abstand der Zirkelspitze von der Bleistiftmine).

Vom Tannenbaum und vom Stern fertigst Du Schablonen an.

Sind alle Teile ausgeschnitten, werden sie mit Glanzpapier beklebt. Beim Stern ist das etwas schwierig. Entweder nimmst Du dazu kleine Glanzpapierschnipsel, oder Du klebst einfach ein großes Glanzpapierstück auf den Stern, drehst den Stern um und schneidest den beklebten Stern aus.

Nach dem Pressen und Trocknen wird das Fensterbild zusammengeklebt.

Das kannst Du sonst noch machen:
Lege die Tannenbaumschablone entweder auf eine weiße Kartonscheibe (Radius: 13 cm) oder einfach auf einen weißen Karton, und zeichne den Umriß mit Bleistift nach. Beklebe den Karton mit grünem, weißem und blauem Glanzpapier. Danach fertigst Du den Stern an. Nach dem Trocknen klebst Du den Stern auf.

Das Christkind in der Krippe

**Von allen Teilen werden Schablonen benötigt.
Übertrage die Umrisse der Schablonen
auf weißen Karton, und schneide die Teile aus.**

**Die obere Hälfte der Krippe (bis zur gestrichelten Linie)
beklebst Du mit weißem Glanzpapier.
Für die untere Hälfte nimmst Du braunes Glanzpapier.
Der Heiligenschein und der Stern werden gelb,
der Kopf des Christkindes wird orangerot beklebt.**

Nun folgt das Pressen und Trocknen.

**Danach klebst Du den Kopf samt Heiligenschein auf
die Krippe. Das Gesicht malst Du mit einem
schwarzen Filzstift auf.**

**Zum Schluß kannst Du die Krippe mit einem
Faden am Stern befestigen.**

Ein lustiger Schneemann

Insgesamt werden drei Schablonen benötigt: Schneemann, Arm und Stock.

Übertrage den Umriß des Schneemanns auf weißen Karton. Mit einem Bleistift zeichnest Du die Linie, die Kopf und Hut trennt, ein. Auch die Umrisse von Stock und Arm werden auf weißen Karton übertragen.

Schneide die drei Teile aus.

Jetzt kannst Du die Teile mit Glanzpapier bekleben.

Die Teile werden gepreßt, getrocknet und schließlich zusammengeklebt.

Der kleine Pinguin

Eigentlich genügen zwei Schablonen, nämlich vom Pinguin und seinem Flügel; denn beim späteren Bekleben mit Glanzpapier ist es egal, ob die weiße Fläche um das Auge etwas größer oder kleiner und der weiße Bauch etwas dicker oder dünner ist. Wenn Du die beiden Abbildungen vergleichst, wirst Du Unterschiede feststellen.
Der ausgeschnittene Pinguin hat übrigens einen aufgeklebten Flügel, der beim anderen Pinguin fehlt.

Übertrage die Umrisse mit Hilfe der Schablonen auf weißen Karton, und beklebe den Pinguin mit Glanzpapier. Wenn Du möchtest, kannst Du die einzelnen Teile zuvor ausschneiden.

Jetzt wird alles gepreßt und getrocknet. Danach werden die Einzelteile gegebenenfalls aufeinandergeklebt.

Mond und Sterne

Stelle vom Mond und vom Stern jeweils eine Kartonschablone her. Runde die Sternspitzen mit der Schere etwas ab, das erleichtert später das Bekleben mit Glanzpapier.

Übertrage die Umrisse der Schablonen auf weißen Karton, und schneide die Teile aus. Nun kannst Du den Mond und die Sterne mit Glanzpapier bekleben. Jetzt folgen das Pressen und das Trocknen.